같은 하늘 아래

다른 별을 보네

# 같은 하늘 아래 다른 별을 보네

**초 판 1쇄** 2025년 09월 11일

**지은이** 신상은
**펴낸이** 류종렬

**펴낸곳** 미다스북스
**본부장** 임종익
**편집장** 이다경, 김가영
**디자인** 임인영, 윤가희
**책임진행** 이예나, 김요섭, 안채원, 김은진

**등록** 2001년 3월 21일 제2001-000040호
**주소** 서울시 마포구 양화로 133 서교타워 711호
**전화** 02) 322-7802~3
**팩스** 02) 6007-1845
**블로그** http://blog.naver.com/midasbooks
**전자주소** midasbooks@hanmail.net
**페이스북** https://www.facebook.com/midasbooks425
**인스타그램** https://www.instagram.com/midasbooks

© 신상은, 미다스북스 2025, *Printed in Korea*.

ISBN 979-11-7355-470-4 03810

값 18,500원

**미다스북스**는 다음세대에게 필요한 지혜와 교양을 생각합니다.

같은 하늘 아래

다른 별을 보네

신상은
시  집

미다스북스

## 2. 늦가을 풍경

## 3. 낙엽이 되어 찾아온 너

## 4. 떨어지는 건 낙엽뿐만이 아니다

## 시인의 말

마음을 다해 지은 집이라고
편하리라는 법이 있는가
비가 새고 춥기도 할 것이다
그 비와 눈을 맞으며, 당신은 또
참담하게 머나먼 쪽을 꿈꿀 것이다

나를 온
나를 비껴간
나를 관통하고 내다 버린
그리운 나들 앞에 엎드린다
울지는 않을 일이다

뒤늦은 청춘도
때늦고 있는 삼십 대도
잘 가라, 가서 상처받지 않은 듯이 살다가
다시 오라
모질게 독을 품은 날로
전생에서 다시 만날 일이다

별것 아닌 고통은 있을 수 없다
미미한 마음도 없다
마음과 함께 무너진 몸은
마음과 함께 일어나지 못한다
지나간 것은 과연 지나간 것인가
참혹에 버려진 자가
바라보는 꽃을, 하늘을 바라본다

상징과 시를, 생략과 여백을
착각하지 말라. 청맹처럼 꽃이 필지라도
눈멀지 말지어다

# 기나긴 겨울

세상

# *1*

지루했던   긴 추위

# 우리가 눈발이라면

우리가 눈발이라면
허공에 쭈뻣쭈뻣 흩날리는 진눈깨비는 되지 말자

세상이 바람 불고 춥고 어둡다 해도
사람이 사는 마을
가장 낮은 곳으로
따뜻한 함박눈이 되어 내리자

우리가 눈발이라면
잠 못 든 이의 창문가에서는
편지가 되고

그이의 깊고 붉은 상처 위에 돋는
새 살이 되자

13

# 희망은 길을 잃었다

우리가 길을 잃어버린 것은
길이 사라져 버려서가 아니다
너무 많은 길이 있기 때문이다

우리가 앞이 보이지 않는 것은
어둠이 깊어서가 아니다
너무 현란한 빛에 눈멀어서이다

우리가 지금 희망이 없는 것은
희망을 찾지 못해서가 아니다
너무 헛된 희망을 놓지 못해서이다

한 번 멈춰야 한다
한 번 놓아야 한다

온 우주에 나는 하나뿐이듯
진정한 나만의 길은 하나뿐이니
수많은 길을 기웃기웃해도

결정적인 한 걸음이 없다면
다들 달려가는 그 길로 사라지리니

정지

# 눈물도 대꾸도 없이

나의 불행이 세상에 처음 있는 일은 아니라고
이 춥고 어두운 곳은
이미 많은 이가 머물다 간 지옥이란 말
알고 있습니다

순탄한 삶이 불행을 만나 쉽게 쓰러졌다고
고통에 익숙하지 않아
다시 일어서지 못한다는 말
알고 있습니다

시간이 지나면
고통은 잦아들고
잊고 다시 살아가리라는 말
고개를 끄덕입니다
모두 알고 있습니다

# 살다 보니

가슴 찡한 노래 한 곡 들으며
누구한테도 보일 수 없는
눈물 한 주룩 흘러보았나
살다 보니 인생살이 별거 아닌데
왜 그리 까탈스럽게 살았는지
이 밤 혼자서 까만 밤에 물어보았는가?

아주 못난 이 모습 때론
착각 속에 잘난 척하고 어느 날 돌아보니
참 보잘것없는 초라한 모습
그 모습 감추려 큰소리치면서
아는 척하지 않았는가
세상살이 그리 길지 않고
잘난 이나 못난 이나 세월이 흐르면
언젠가 떠난다는 불변의 진리
그것도 모르고 천 년을 살 것처럼
바보처럼 살지 않았는가?

18

이제는 울고 싶을 때 울고
부족하면 부족한 대로
있으면 있는 그대로
나 자신을 속이지 말고
오늘 하루라도 민낯으로
하루를 살아야 하지 않을까?

# 그렇게 살라고

거리를 나섰지만
갈 곳 없어 하늘을 보네

저 하늘 별빛 꼬리 하나쯤
내 갈 길을 알려주지 않을까?
혹시나 발걸음 옮겨 보지만
발끝에 부딪히는 것은
외로움에 멍든 상처뿐이네

가자
가자
가야지 하면서도
걸음이 가지 않는 이 몸
저 별들에 기대어봐도
돌아오는 것은 까만 밤
정적만이 되돌아온다

그 되돌아오는 정적은
지울 수 없는 아픔까지도
낙인처럼 내게 안겨주고
붙잡고 하소연할
시간도 내게 주지 않고
그렇게 살라고
그렇게 살아가는 거라고
아무 일 없듯이
냉정하게 떠나가 버리네

# 혼자인 것

갑자기 눈물이 핑 돌 때
혼자인 것을 알았다
누가 찾지도 부르지도 않는 시공간
창문을 두들겨 치는 세찬 빗소리도
혼자 눈치챘나 보다

꽉 닫힌 사각의 상자 속에서
눈에 보이는 티브이 화면에
초점 잃은 눈을 맞추며
귓속에 들어오지도
듣고 싶지 않아도
듣고 있는 노랫소리가
감싸고 있는 사각의 공간을
혼자인 것으로
의미 없이 포장하고 있다

혼자
혼자

세상에 태어날 때도 혼자
죽을 때도 어차피 혼자인걸
그냥
핑 도는 눈물 한 자락으로
가슴에 몰래 묻어둔
혼자만의 비밀을 숨기고
아무 일 없던 것처럼
지금, 이 순간의 외로움도
혼자인 것도 사랑을 하자

# 이별

차가운 겨울밤 찬바람이
길 위를 쓸고 지나간다
희미한 가로등 아래
얼어붙은 그림자가
젖은 얼룩처럼 길게 늘어지고

쌩하고 차가 지나가듯
우리의 시간도 스쳐 갔다
잎을 모두 떨군
나무들 사이로
외로운 별빛이 떨어지는데
먼 길 끝
낯선 실루엣이
서리 낀 창처럼 흐려지고
그 속에서 우리는 말 없이 멀어져 갔다

# 빈자리

가을빛이 물든 창가에 너의 흔적이
바람처럼 스며든다
너 없는 자리엔 적막만 내려앉고
남은 말들은 구겨진 종이처럼 흩어져 있다

붉게 물든 단풍잎 하나
손가락 끝에 닿았다가 흩어지듯
너도 그렇게 떠나갔다
아무 말 없이 흔적만 남긴 채

가슴 속 화산석같이 뚫린 구멍
바람이 스쳐 지나갈 때마다
공허한 아픔만 울릴 뿐
숱한 밤은 눈물로 채워도 빈자리는 메워지지 않는다

이젠 알아
떠남은 그저 빈자리와 함께
다시 떠오르는 햇빛을 바라보며
조용히 빈자리를 그리워할 뿐인 것을

# 2

고통 속에서도 희망은 자라난다

# 내 마음의 창도 유리처럼 투명하게

세상이 점점 더 각박해진다는 건
어쩌면 우리가 마음의 벽을
더욱더 높이 쌓아두고 있기 때문이 아닐는지요
서로가 마음의 문을 걸어두고
벽만 높이 쌓아두고 있었기에 세상엔
아마도 불신과 싸움이 끊일 날이 없었을 겁니다
창문은 열라고 있는 것입니다
그러나 우리는 언제부터인가
창문을 꼭꼭 닫아걸고
세상과 단절된 채로 살아가고 있습니다
그럴 뿐만 아니라
자기 마음 속의 창문까지 자물쇠로 잠가
타인과의 교류 또한 원치 않고 있습니다
하지만 이래서야
우리의 삶이 삭막하지 않을까요?
열지 않으면 그것이 더 이상 창문이 아니듯
교류가 없으면 더 이상 삶일 수가 없는 겁니다.
모쪼록 자기 마음속의 창문을 활짝 열어두어

자신의 참모습과
세상의 진실을 굴절 없이 주고서 받는
우리가 되었으면 좋겠습니다
그것이 이 세상과 하나가 되는
더 나아가 내가 세상의 중심이 되는
일이기에 말입니다

# 지금 이대로 나는 소중한 사람

누가 뭐라고 해도
지금 이대로
나는 소중한 사람입니다

나를 애타게 포장하지 말고
너무 잘하려 발악하지도 말아요

어디서 무엇을 해도
누구와 어떤 관계에 놓여도

나는 이 세상에 하나밖에 없는
소중한 존재입니다
폭우가 쏟아져도 자신만만하게
하늘 향해 뻗어가는 나무처럼
별까지 가도록 해요

미친개가 옆에서 짖든지 말든지
나는 당당하게 내가 가는 길을 가면 됩니다

# 같은 하늘 아래 다른 별을 보네

같은 하늘 아래, 우리는 서로 다른 별을 보네
같은 어둠 속에서 우리는 각자의 빛을 찾으려 하네

내가 본 별은 나를 비추지 않고
너의 별도 너만을 위로하지 않지만
우리는 각자의 하늘에서
그 빛을 바라보며 꿈꾸네

같은 하늘, 다른 길
같은 밤, 다른 별빛
내가 듣는 속삭임과
네가 듣는 침묵 사이에
또 다른 별의 이야기가 숨어 있겠지

같은 하늘 아래서
우리는 서로를 향해 손을 내밀지만
그 손끝이 닿기까지는
몇 번의 별똥별이 떨어져야 할까?

같은 별을 바라보는 날
우리는 비로소 하나가 될 수 있을까?

하늘의 모든 별이
우리의 눈 속에 함께 빛나면
무수한 아픔도 은은히 퍼지겠지

# 바람이 되고 싶어라

나는 바람이 되고 싶다
거칠 것 없이 날아다니는 바람이 되고 싶다
이름 모를 여인의 귓전에 살며시 다가가 위로해 주고
미련 없이 훨훨 날아가는
스치는 바람이 되고 싶다

나는 바람이 되고 싶다
가지 못해 아쉬웠던 그곳을
언제라도 날아가
작은 흔적 하나 슬며시 두고
훌쩍 떠날 수 있는 바람이 되고 싶다

나는 바람이 되고 싶다
그곳이 어디라도 다가갈 수 있고
가다가 지치면 흔들리는
나뭇가지 위에 쉬어가고
정처 없이 떠도는 구름 위에 내 몸 얹어
쉬어가는 나그네 바람이 되고 싶다

# 야생화

아무도 돌아보지 않아도
풀숲 한 귀퉁이에서
피어나는 외로운 꽃 한 송이
꽃 이파리 하나는 그리움으로 피어나고
또 다른 이파리 하나는
기다림으로 피어나는 너의 이름은 야생화

오늘도 누가 보지 않아도
그 누가 챙겨주지 않아도
하얀 자태 보랏빛 여운으로
이 아침 이슬에 기지개 켠다
늘 그러하듯이
보살펴 주는 이 없어도
이 아침을 맞이하고
챙겨주는 이 없어도 꽃망울 터뜨리며
벌 나비 친구 삼아
너의 존재를 알리는 너는
길가 언저리에 피어나는 야생화

# 포구의 아침

어린 갈매기의 재잘거림으로
포구의 아침은 밝아온다
수평선 통통배 엔진소리
포구의 심장이 되고
밤새 눈 밝힌 등대는
졸리는 듯 햇살에 기울어진다

퍼덕거리는 신선한 생선 마냥
푸르디푸른 바닷물결 위에
펼쳐지는 비단 자락 밟고
포구는 잠에서 깨어난다

섬 바위 위 가득 내려앉은
어린 갈매기의 재잘거림에
부둣가 누렁이도 부산해지고
뱃사람의 훠이 소리에
후다닥 놀라 날아오르는
포구의 아침은 갈매기의 힘찬 날갯짓으로
하루를 시작한다

# 봄날의 오후

겨울 끝자락
얼음 녹은 자리마다
연둣빛 숨결이 퍼지고
햇살은 말없이 담장을 넘는다

봄이 오는 양지바른 길목
쑥을 캐는 아낙의 손끝에서
봄바람은 고운 노래 되어
아낙의 뺨을 스치네

개나리 한 줌 꺾어
화병에 꽂아두면
노란 미소가 가득 피어나고
창문을 활짝 열고 나면
햇살이 두 팔 벌려 안아주는
따뜻한 봄날의 오후
차 한 잔 위에 피어오르는 향기처럼
세상은 천천히 따스해지고 있다

# 그대는 사랑의 마법사

보잘것없는 사람도
사랑하는 사람이
품에 안아주면은 별처럼 빛나는 마법으로
멋진 사람으로 만드는구나

바람 불어 훅 날아간 낙엽 같은
존재이지만
어느 한 사람을 만나
그 마음의 책갈피 속에
말라 납작해질 때까지
너도 사랑받는 존재였구나

그 사람의 책장 속에서
말라서 찌그러진 모습도
사랑하는 손길로 어루만지면
꽃 피는 아름다운 봄날
또다시 푸르디푸른 잎으로
환생할 수 있을 것 같은

마법 같은 그대 손길은
아름다운 사랑의 마법이었구나

# 3

슬픔 고통 그리고 후회

# 게으른 하루

아무 일도 하지 않고
햇빛 받으며 멍하니 앉아 있으니
고요 속에 평화가 머문다

늘 무언가에 쫓기며
무언가를 하고 있지 않으면 불안하고
몸이 바쁘지 않으면
또 무언가 잃어버린 것만 같다

오늘 하루 아무 일도 하지 않고
꽃을 바라보고
강아지 자는 모습도 보고
햇빛 속에 비친 내 모습도 바라보고

아무에게도 방해 받지 않는 즐거움
어떤 생각도 방해 받지 않는 자유

게으름이 삶을 충만하게 한다
몸의 게으름이 아니라
생각의 게으름

# 낙엽이 되어

메마른 가지에 연둣빛 여린 속살
내보이며 환희 속에
희망을 안겨주던 너
어느새 갈잎 되어 떨어지는구나

비바람 폭풍우에도 짙푸른 녹음으로
둥지 찾는 새들에게
보금자리를 내어주고
시원한 그늘을 내어주던 너
메마른 가을 햇살에 낙엽 되어 뒹구는구나

따뜻한 봄 햇살에 기대어 움트고
따뜻한 봄바람에 펼쳤던 용기와 희망
그리고 마지막 하나 남은 사랑 하나마저 낙엽 되어
흙으로 되돌아가는구나
파란 가을 하늘
시리디시리게
품속으로 파고드는

가슴 시린 가을날이
이렇게 떠나가는구나!

# 가난한 가을날에

올가을은 가난했다고
단풍조차 다 물들지 못해 미안하다고

후회는 없다
원망도 없다
회한이 있을 뿐

잘해주고 싶었으나
어려운 날이었다고
하여 서러웠다고

너무 늦게 내리는
무정한 빗속에서
흐느끼듯 날리는 단풍잎들이 그랬다

# 가을날의 이별

가을비에 스며들어
젖어 드는 낙엽의 무게가
한 잎 두 잎 바람에 흩날려
마지막 인사를 남기네

가지 끝에 매달린 빛바랜 흔적
마주했던 시간 떠오르니
잎새마다 담겨 있던 추억이
가을비에 적셔 떠나간다

이제는 그 빈 가지마저
스산한 바람에 떨고 있지만
떨어진 낙엽의 길 위엔
잠시 머물던 흔적만 남아 있네

# 지난 가을날

시린 바람에 흔들리다 지쳐 쓰러진 갈대
흔들지 말라고 애원했건만
가을바람은 어김없이 그를 내몰아쳤다

몰아치는 바람에도 꿋꿋이 자라왔던
지난 세월 속 물골들이
지금 바람에 흩날리는
먼지 같은 존재 되어
허공에 맴돌다 잠이 든다

잠이 들어 이 모든 것을 망각할 수 있다면
이 부는 바람도 감사하겠지만
이 밤에 부는 바람은
외마디 비명에 묻혀버린
길 떠난 나그네의
방향 잃은 독백이어라

# 그리움

한없이 그리움이
눈언저리에 머물다
언 가슴속으로
또르르 떨어집니다

누구에게 들키기나 할까 봐
작은 가슴 졸이며
마른 눈물을 삼키고 웁니다
파란 하늘을 쳐다보면
끝이 없는 허공 속에
그리움으로
닿아질 수 있는지
고개 들어 고인 물방울을
빈 가슴에 담아 붓습니다

바람이 연푸른빛으로
내게 다가와 말합니다
그리움은

누구에게도 말하지 않는
나 혼자의 비밀이라고

# 이별

차가운 겨울밤 찬바람이
길 위를 쓸고 지나간다
희미한 가로등 아래
얼어붙은 그림자가
젖은 얼룩처럼 길게 늘어지고

쌩하고 차가 지나가듯
우리의 시간도 스쳐 갔다
잎을 모두 떨군 나무들 사이로
외로운 별빛이 떨어지는데
먼 길 끝
낯선 실루엣이
서리 낀 창처럼 흐려지고
그 속에서
우리는 말 없이 멀어져 갔다

한때의 따스함은 얼어붙은 강물처럼 굳어져 버리고
나는 홀로 남아 적막한 길 위를 걷는다

밤은 깊어져가고 겨울의 숨결 속에
우리의 이별은 눈발처럼 흩어져 사라진다

# 4

대꾸 없이 찾아오는 눈물

# 눈꽃

떠나간 것들이 머문 자리에
아픈 상처는 아물어지고
또 새로운 계절을 기다리며
우리는
사라져간 가을을 그리워하리
얼어붙은
강물처럼 굳어져 버리고
나는 홀로 남아
적막한 길 위를 걷는다

밤은 깊어져 가고
겨울의 숨결 속에
우리의 이별은 눈발처럼 흩어져 사라진다

# 여행

나는 외롭지 않네
홀로 가는 이 길이라도
나무가 반기고
이름 모를 들꽃이 나를 반기니
동무 삼아 먼 길을 떠나네

나는 외롭지 않네
가는 길을 모른다 해도
낯설지만 이정표가 있고
강과 강을 이어주는
따뜻한 다리가 있으니
내가 가는 길 두렵지 않네

나 홀로 가는 여행
멀고 힘들다 해도
나무에 기대어 쉬어가고
바람에 얹혀 걸어가고
옷깃 스친 인연으로

이어 이어 동행하니
먼 여행길이 외롭지 않네

# 은행나무

밤새 부는 바람에
은행나무는 슬프게
노란 눈물 흘리고
몇 잎 남지 않은 잎들도
조금만 더 바람이 불면
허공에 몸을 던지고
땅바닥으로 추락하겠지

물감보다 더 고운 색으로
나풀거리던 옷자락이 이제는 찢겨 나가고
부푼 마음 허공에 던지니
앙상한 가지 사이에
외로운 새 떼들 앉아
가는 세월 바라보고 지난 세월 아쉬워 하겠지

모두 다 내어주고
더 이상 내어줄 것 없는
은행나무 가지 위에

하얀 눈송이 내려앉으면
헐벗음이나 가려질까?
상한 마음 어디 둘 데 없이
온종일 하늘 바라보며
슬픔의 노란 눈물 흘린다

# 잃어버린 향기

그윽한 향 내음 속에
하얀 촛대는
묵묵히 밤을 밝히고
창 너머
저무는 그믐달은
여인의 옷깃을 적신다

까만 밤 어두운 방 한구석에
먼동이 트면
국화꽃 향기에 취한
내 임은 잠이 깨시려나
젖은 옷깃 매 만지며
또 하나의 향을 태운다

태워도
태워도
슬픈 공간 속에
향 내음만 가득할 뿐

내 임의 그 향기만은

느낄 수가 없구나

# 기억의 저편

오래된 노트 속에 빛바랜 잉크 자국처럼
내 머릿속에 기억들도
조금씩 희미해져만 간다

떠나버린 시간을
다시 잡을 수 없듯이
멀어져가는 기억을
다시 잡을 수도 없고
기억 저편에 사진 한 장
웃는 모습도
어깨동무도
흑백사진 속에서 바래져간다

빛바랜 사진 한 장 꺼내
가슴에 꼬오옥 안으면
쿵쾅거리는 설렘과
재잘거리는 웃음소리가
보일 듯 말듯 수평선 넘어

떠나가는 배처럼
희미하게 자꾸만 멀어져간다

# 떨어지는 것

은행잎이 떨어지고
몇 송이 눈발이 날리고
햇볕도 낮은 산 위로 기울어 가는
가을과 겨울의 경계에서

나도 언젠가 떨어질 것을 생각하며
떨어져 한 줌의 흙이 될 것을 생각하며
들녘을 오래도록 바라본다

그리고 더 정성스레 물을 주고
대지가 하얗게 얼기 전에
아직 남은 햇빛이 사라지기 전에
낮은 산으로 난 흙길을 걸으리라


떨어질 것 몇 안 되는 가을의 끝
이미 내려앉은 것들이
나에게

무릎을 구부리고
고개를 숙이게 한다

# 묵묵한 사랑

오늘 하루도 당신이 잘 보냈으면 좋겠습니다
내가 사랑한 사람이
행복해하는 모습을 보고
나 역시 행복을 느낍니다
피식 웃는 당신의 모습이
내 가슴에 와닿을 때
나는 당신의 사랑을 느낍니다

사랑한다고 말을 안 해도
당신의 토라진 얼굴에서
당신의 미소 띤 입가에서
사랑을 확인할 수 있습니다
이게 사랑하는 마음인가 봅니다
이 느낌 영원히 간직하고
오늘만은 당신에게 사랑한다고
이 마음을 전하고 싶습니다
당신을 사랑합니다

# 다시 찾아온 봄

제2장

## 1

나는 이대로도 소중한 사람이다

# 나의 생에 시월이 온다면

시월은 청명한 맑은 하늘 가지고
황금빛 노을을 비추고
온화한 구름과 선선한 바람을 주고 열매를 맺는다

나의 생에 시월이 온다면
어디로든 갈 수 있는 구름의 모습일까?
무엇이든 젖게 하는 비의 모습일까?
언제든지 따뜻하게 하는 햇살의 모습일까?

넓은 마음으로 서로 도와가며 사는 사람
변함없이 겸손하고 한결같은 사람
누구에게나 지혜와 사랑을 줄 수 있는 사람
시월 같은 사람이 되고 싶다

# 너는 봄꽃이다

따뜻한 햇살을 좋아하고
흠뻑 적시는 봄비를 기뻐하는
대지도 필요치 않고
잦은 바람도 필요치 않고
그저 너의 자리에서 꽃피운다

어느 방향으로 고개 돌릴지 재지 않고
어느 빛깔의 꽃잎으로 맺힐지 고민하지 않고
그저 너의 본색대로 꽃피운다

꽃샘추위에 움츠리기도 하고
살바람에 흔들리며
첫 꽃망울을 피운다
꽃피울 때는 철저히 혼자인 것을 알아가며
자기만의 아름다운 것들로 자라나는
너는 봄꽃이다

# 봄꽃

따스한 봄바람에 내 몸을 맡기고
귓전을 스치는 봄바람은 나른한 봄 잔디에
나를 눕힌다

언제 내 곁에 찾아와 드러누웠는지
알 수 없는 봄 아지랑이
신기루 같은 너의 모습에 너무도 몽롱하고
뜨거운 열정은
봄볕에 녹아드는
한낮의 꿈결이었던가

보일 듯이
만져질 듯이
내 곁을 맴도는 너는
긴 겨울 매서운 바람 속에서도
내게 찾아올 거라는 믿음 속에 피어난
사랑스러운 나의 봄꽃이어라

# 바보여서 행복한 봄날

높다란 밭 언덕 위
휑한 벌판 사이로
메마른 나무 한 그루
혹독한 겨울 칼바람에 죽은 줄 알았는데
황량한 언덕 위에서 왜 그렇게 혼자 서있느냐고
비아냥거리며 지나가는 바람도 있었는데
이제 훈훈한 봄바람에
곱디고운 입술을 내미는구나!
바보스럽게 혼자여서 외롭고
혼자여서 더 추웠던 지난 겨울날

칼바람 마주하던 등허리
움츠렸던 어깨에 훈훈한 봄바람이 스며들면
가지 끝 마른 껍질 속에서
뿌지직 뿌지직
시간을 제치며 돋아나는 새싹들의 아우성

바보처럼 죽은 듯이 견뎌온
지난 겨울날의 서러움들이
새순 돋아난 가지 끝마다
꽃봉오리로 피어나
내 어깨 위에 편히 앉아
쉬어갈 새 한 마리 기다리며
오늘 이 봄을 맞이하네
바보여서 행복한 이 봄날에

# 어머니의 눈물

자식을 위하는 일이라면
자신의 생명조차도 기꺼이 내어주시는 어머니

오늘 어머니는 한없이 눈물을 흘리고 있어요
무능한 어른들 앞에
자식이 매장당하는 것을 지켜보며
어머니는 울고 또 울고 있어요

아무런 힘이 되어주지 못하는 자신을 탓하며
통곡의 눈물을 흘리고 있어요

어머니를 아프게 하지 말아요
어머니를 울게 하지 말아요

어머니의 눈에서 마음에서 비탄의 눈물이 흐르게 하는 자들
하늘이 용서하지 않을 거예요

세상의 모든 빛이 모여
어머니의 눈물을 말리고
어둠의 흔적들 만천하에 드러내겠지요

어머니를 슬프게 하지 말아요
어머니를 울게 하지 말아요

지구가 끝날지라도
절대로 끝나지 않는 어머니의 사랑이 있기에

우리는 여전히 숨을 쉬고
삶을 노래할 수 있으니까요

# 너는 봄이야

참으로 고마운 봄이야
어찌 잊지 않고 꽃을 피우고
잊혀 버린 뒤안길에서
파란 새싹을 틔우고
나를 잊지 않고 찾아온
너는 참 고마운 봄이야

기다린다고 말 안 해도
봄의 향기 가득 안고
알아서 내게 찾아온
너의 따스한 바람은
지난날 아름다운
추억 속에서 춤추는
기억을 떠오르게 하는 봄
참 고마운 봄이야

나는 너를 기다리지 않아도
너는 항상 약속을 저버리지 않고

얼어붙은 땅속에서
기대하지 않던 메마른 가지 끝에서
언젠가 너와 둘 약속을 지키려고
오늘도 몸부림치는 고마운 봄
나는 너를 사랑한다

# 2

유리처럼 투명한

내 마음의 창

# 오솔길 옆 작은 집

낮이면 뒷산 다람쥐가
마당가 감나무에 마을을 오고
마당 문을 나서면 계곡 물소리가
어린아이의 귓가를 간지럽히는
다소곳이 앉아있는 오솔길 옆 작은 집
봄이면 진달래꽃 길을 거닐며
꽃잎 술을 따 입에 물었던
이리 보고 저리 보고 깔깔대던 오솔길
여름이면 소나무의 솔향이
코끝을 싸고돌던 싸아함이
내게 교훈을 심어주던 오솔길

가을이면 형형색색의 꿈들이 가지마다 걸쳐 있고
겨울이면 소담스럽게
피어있는 눈꽃이 반겨주던
오솔길 옆에는 작은 집이 있었다

하얀 슬레이트를 얹은 지붕 위로
슬며시 비집고 나온 굴뚝에선
동양화에서나 봄 직한 하얀 행복이
낮은 산자락에 번지고 있다

# 존재의 항변

기나긴 겨울잠을 떨어뜨리고
마른나무 가지에서
속살을 드러내며 꿈틀거리는 것은
살아있는 존재의 움직임

깊은 살 속에 숨어있는
신경 하나하나를 일깨워 소리 없이 내미는
미미한 생명체가
꾸깃꾸깃 쑤셔놓았던
세월의 잔부스러기를 이 세상에 쏟아낸다

두 팔을 하늘로 뻗고
온몸을 비틀어 대며
죽지 않고 살아 있다는 항변처럼
모두가 지난 세월을 망각하지만
잊히지 않는 존재로 남고 싶어
봄날 햇살을 밀어내며
이 세상으로 비비고 나온다

# 산길 걸어가다

산길 걸어가다
나뭇가지 하나 꺾으면
손 내밀다 너도 꺾이면
얼마나 아프겠니? 하는 마음에
내민 손 다시 접었네

산길 걸어가다 줄지어 걸어가는 개미 떼 보았네
나도 모르게
밟고 지나가려다
너도 한 생명인데
오래 살아야지 하며
가던 길 멈추고 돌아서 갔네

산길 걸어가다
돌부리에 걸려 넘어졌네
돌부리가 미워 뽑아 버리려면
너도 모나고 싶어 모났겠니
세월이 너를 모나게 만들었겠지
툴툴 털고 웃으며 걸어가네

82

# 호박꽃

얼기설기 읽아매어 서 있는 울타리
푸르디푸른 진 녹으로 색칠하고
소나기 훑고 지나간 그 자리에
언제 저리도 긴 가지를 뻗었는지
하늘 끝 어딘가 잡힐까
뻗어나는 어린 넝쿨의 소박함
누구도 그에게 눈길 주지 않아도
투정 없이 그 자리에 남아있고
소나기가 훑고 가면 화장한 색시처럼
노란 자태로 어린아이를 유혹하는
투박한 산골 처녀의 가슴은
노란 봉오리 하나 가득 담겨 있다

이른 아침 제일 먼저 마주 대하고
세수하고 고개 들어도 눈에 밟히는
얼마나 버겁기에 기나긴 팔다리를
마른 가지마다 칭칭 휘감고
진녹색 캔버스 위에 진노랑 물감으로

뜨거운 여름을 온몸으로 색칠하는

한낮에 텅 빈 마당을 지키는 호박꽃

# 하얀 꽃

하얀 꽃이 피었다
이름도 알지 못하고
이 꽃이 어디에서
꽃씨가 날아왔는지
알 수 없었다
넓은 들판
작은 언덕배기 아래
소담스럽게 피어 있는 하얀 꽃

키가 크지도 않고
몸집이 크지도 않고
유난히도
꽃잎이 하얗게 눈부신
움츠린 듯 만 듯
다소곳이 서 있는
이름 모를 한 송이 하얀 꽃

날이 저물면
그리움에 고개 떨구고
어두운 밤 그늘이 무서워
달빛에 눈 맞추며
한밤을 지새우는 하얀 꽃

# 눈꽃 송이

겨울이면 하늘에서 새하얀 꽃이 내려온다
두 손으로 받으면 어느새 손안으로 스며드는 꽃송이
체온을 타고 투명하게 사라지는 꽃잎들
밤새 하늘이 꽃을 뿌린 날은
온 세상이 환하게 불을 켠다
메마른 나무에도
하얀 꽃등이 달리고
얼어붙은 산도 눈부시게 빛난다
어두운 거리에도 빛이 들어오고
그늘진 곳 하나 없이 불이 켜진다
하얀 눈꽃이 내리는 날이면
사람들 마음에도 따스한 꽃이 피고
온 세상이 따스하게 빛난다

# 3

솔솔 불어오는 　봄바람

# 소망 돌탑

산길 돌아가다
소망 탑 위에 돌 하나 얹고
그대의 행복을 빌어봅니다

저 높이 쌓인 돌탑 속에는
누구에게도 말하지 못한
어떤 이의 가슴 시린 사랑과
어떤 이의 설레는 첫사랑과
희망과 좌절
아픔과 건강
만남과 이별
각자의 소망과 한을 품은 소망 돌
그 소망들이 켜켜이 쌓여 탑이 되어
저 하늘 끝 구름 위에 번져갑니다

오늘도 마음 돌 하나 가슴에 얹고
한 걸음 한 걸음 오르면서
한 걸음은 사랑하는 그대를 위해

또 한 걸음은 내일도 이 길을 걷길 소망하는 나 자신을 위해
뚜벅뚜벅 올라와
소망 탑 위에 마음 돌 얹고
그대를 위해 두 손 모아 빌어두고
새소리 따라 산길을 걸어갑니다

# 캠핑을 하면서

풀벌레 소리 바닷가
낮은 산자락을 휘감으면
밝은 불빛도 잠시 꺼두고
작은 불빛 하나로
바닷가 한쪽 편을 밝혀본다

밝아야 보이는 것도 아름답지만
이 시간은 작은 불빛에 숨겨두고
풀벌레 소리 귀 기울이면
밤하늘 별들도 내게 내려온다

너를 바라보는 것도
때론 조금
어둡게 해두고 바라보면
밝게 켜두고 보는 것보다
숨겨진 사랑스러운 모습이
더욱더 밝게 빛나는 너

그 모습이 더 사랑스럽다

# 봄바람

메마른 가지 끝
비어있던 까치 집에
봄손님 가득 모여들면 봄바람 타고 놀러 나온
봄 처녀들의 재잘거림이 불어오는 봄바람에
가슴을 설레게 한다

봄꽃들이 떠나간 자리
연둣빛 물감으로 색칠하고
삐죽삐죽 내미는 풀잎 사이로
파랗게 피어나는 풀꽃
봄 나비 찾아와 춤을 춘다

라일락 향기 머금고
어디선가 불어오는 봄바람
도시의 콘크리트를 뚫고
바람난 라일락 가지
치맛자락을 들치며
담장 넘어 잽싸게 달아난다

# 봄날의 산하

초록의 봄빛 속살
봄바람에 입 맞추며
흐르는 계곡물 봄노래 부르고
늦잠 자는 선바위가
기지개를 켜는
봄비 내리는 산하

그 아름다운 속살을 내보이기 위해
그렇게 춥고 힘든 겨울을 견뎠는데
심술난 봄바람이 불어와
상하게 하지 않을까?
철없고 짓궂은 까치가
여린 속살을 다치게 할까?
조바심 나는 봄날의 산하

94

# 일렁이는 물결

일렁이는 물결은
심연의 용트림으로 몰려와
와르르 무너져 사그러든다
부딪히면 부서지고
돌아보면 하얀 물거품 부스러기들
즐비한 수면인 것을
밑동 잘린 절벽의 아픔으로
섬바위 상처 자국을 핥아내고
허기에 지친
노파의 헛구역질 마냥
토해내고 토해내도
가라앉지 않는 파도의 되새김질
부서지는 아픔
지울 수 없는 그리움으로
멍이 든 시퍼런 너의 얼굴에
연민의 정을 담그는
갈매기의 작은 가슴처럼

내 작은 가슴을
네 작은 가슴을
서로가 맞대고 비벼대며
일렁이는 물결 잠재울 수 있다면

# 꽃이 피었습니다

꽃이 피었습니다
지난해 꽃이 지던 자리에
다시 꽃이 피었습니다

이별했습니다
지난해 꽃이 피던 자리에서
이별하고 떠나간 자리는
다시 꽃이 피지 않습니다

시간이 지나고 다시 꽃은 피지만
이별의 자리는 텅 비어 있습니다
그렇게 꽃은 다시 피지만
이별 자리에선 더 이상
피어나지 않는 기억이 있습니다

# 사람이 사람에게

꽃이 꽃에 다치는 일이 없고
풀이 풀에 다치는 일이 없고
나무가 나무에 다치는 일 없듯이
사람이 사람에게 다치는 일이 없었으면 좋겠다

꽃이 얼굴이 다르다고 해서 잘난 체 아니하듯
나무의 자리가 다르다고 해서 다투지 아니하듯

삶이 다르니 생각이 다르고
생각이 다르니 행동이 다르고
행동이 다르니 사람이 다른 것을
그저 다를 뿐 결코 틀린 것은 아닐 테지

사람이 꽃을 꺾으면 꽃내음이 나고
사람이 풀을 뜯으면 풀내음이 나고
사람이 나무를 베면 나무 내음이 나는데
사람이 사람에게 상처를 입히면 사람 내음이 날까

# 4

우리의 마음속에

새롭게 피어난 봄꽃

# 아이야 울지 마라

아이야 울지 마라
캄캄한 밤이 되면
풀벌레도 잠이 들고 나는 새들도
임 곁으로 찾아간단다

아이야 밤이 된다고 무서워 말고
바람이 잔다고 외로워 말고
잠시 고개 들고
밤하늘 쳐다보면
너를 기억하는 반짝이는 사랑이 있고
아무리 어두워도 너의 갈 길 비춰주는
별빛이 있단다

아이야 울지 마라
네가 걸어가는 길은
어차피 혼자 가야 할 길이고
네가 찾아가야 할 길이니
이 밤 울음 그치고
별빛 친구삼아 잘 가려마

# 달 따러 가자

밑바닥까지 환한 냇물에는
송사리 떼 숨바꼭질하고
거기까지 다 내어놓은 아이들이
자맥질에 개 헤엄으로
하루해가 다 가는데
아이야
금 모래 빛 밝은 얼굴로
달 따러 가자

옥빛 같은 광채가
손가락 사이로 깜박이다
순간 밤하늘로 사라지는 반딧불이들
유령처럼 신비롭던
그 여름 들판으로
아이야
갈채하나 높이 들고
달 따러 가자

서쪽 하늘 개밥바라기 하나
하루를 갈무리하면
시나브로 까만 하늘엔
보고 싶은 얼굴들
별이 되어 반짝이는데
아이야
별처럼 총총한 눈망울로 달 따러 가자

달이야 오늘 못 따면 어떠리
뒷산 너머로 별똥별 떨어질 때
얼굴은 아직도 금모랫빛
마음속엔 밤 늦도록
개똥벌레 반짝이는데
아이야 내일이 오면
모닥불에 쥐불놀이 하다 말고
또 달 따러 가자

# 가을사랑

산길 걸어가다 툭! 툭! 하고
도토리 떨어지는 소리에
가을이 익어가고
이 나무 저 나무 넘나들며
도토리 챙기기 바쁜 청설모가 익어가는 가을을 재촉합니다

지난봄 맺어진 연둣빛 사랑이
추억으로 물든 이파리 사이사이
수채화 물감으로 가득 색칠하고
눈길마다 묻어나는 사랑의 흔적들
어쩌다 애꿎은 가을비 내리면
낙엽 되어 떨어져 떠나 버릴까 봐
조마조마 마음 졸이며
갈색빛 사이로 산길을 걸어갑니다

도토리 툭 하고 떨어지고
나뭇잎이 빙그르르 떨어지면
이파리 사이 속에 새겨둔 추억도 빙그르르

낙엽과 함께 굴러 떠나갈까
가슴 속에 남겨 두었던
사랑도 함께 따라 굴러 떠나갈까
이 가을이 야속하기만 합니다

## 강물처럼

강물처럼 흘러야지
깊은 물 얕은 물 함께 흘러서
냇물은 서로 만나 강물이 되고
강물은 서로 만나 바다가 되어
세상 가장 낮은 곳에서 만나야지

강물처럼 길 가야지
산이 가로막으면 돌아서 가고
빈 곳에선 가득 채우고 나아가고
때가 익기 전까지는 무리하지 않고
그렇게 자연스럽게 흘러가야지

목마른 이에겐 목을 축여주고
메마른 풀잎엔 발을 적셔주며
꽃 피고 새 우는 들판을 가로질러서
쉬엄쉬엄 걷고 춤추고 노래하며
더디 가도 손잡고 함께 가야지

강물처럼 살아야지
네 손은 내가 잡고 내 손은 네가 잡고
길가에 핀 코스모스도 만나고
강가에 뛰노는 아이들과도 눈짓하면서
그렇게 손잡고 더불어 가야지

스스로 강물이 되어 봄꽃을 피워야지

# 나무처럼

나무처럼 살아야지
내가 디딘 땅 위에서
다른 나무들과 어울려서
함께 살아가야지

봄이면 새싹을 내고
가을이면 열매를 맺어
다시 나목으로 돌아갈
겨울을 준비해야지

한그루 낙락장송이 되기보다는
수많은 나무가 합창하는
숲에 서야지
너무 가깝지 않게
옆의 나무에 자리를 내주며
함께 숲을 이루어야지

곤충과 짐승들이 찾아오고
새들이 노래하는 숲에서
키 작은 나무로 더불어 있어야지
그렇게 나무처럼 살아가야지

# 즐거운 여름날 해변으로 떠날까요?

# *1*

마음따라 떠나는여행

# 북극성을 찾아서

세상은 종잇장처럼 얇아져 가고
큰 별들은 하나둘 스러지네
별들의 시대라고 하지만 뭇별들 사이에서
반짝이는 큰 별 있지
당대에는 스승을 찾기 힘들다지만
나는 오늘도 밤하늘을 바라보네
큰 별이 지면 나타난다는
더 큰 별을 찾고 있지
빛나는 새 별을 찾고 있지

아직 찾지 못한 별
미처 알아보지 못한 별이 있을 거라고
아니 어쩌면 이미 우리 곁에서
반짝이고 있는지도 모른다고

개펄에 영롱한
진주조개를 만나고 싶어
다시 어린 시절로 돌아가

묵중한 위인전을 읽고 싶어
밤새 맑은 눈 초롱이며
북극성 가는 길을 묻고 싶어

# 바람의 선물

녹음이 무성할 때
나무는 가장 많이 흔들리고
가장 많이 흔들리는 그때가 가장 찬란한 순간이다

바람에 흔들린다고 무서워하지 말아라
흔들리는 것이 인생이다
흔들리는 것도 행복이다
나목 위의 백설이
그토록 반짝이는 이유는
비바람 치는 한여름의 폭풍에
흔들려 본 적이 있기 때문이다

바람을 피하지 마라
바람 속으로 들어가서 함께 흔들려라
그것은 선물
받아 안을 줄 아는 이에겐
삶은 고통조차 찬란한 축복이다

# 산처럼 숲처럼

산이 되어야지
거센 바람에도 흔들림 없는
그대가 텅 빈 거리를 서성일 때
뒤돌아보면 언제나 그 자리에 서 있는
언제라도 달려가서 품에 안길 수 있는
그대가 있는 풍경의 배경처럼
말없이 내다보는 그런 산이 되어야지

숲이 되어야지
한 그루 낙락장송으로 서기보다는
크기도 모양도 색깔도 다르지만
어울려 함께 살아가는
외로울 때 찾아가서
같이 울고 노래하고 춤출 수 있는
멀고 긴 여로의 한가운데에서
새벽 찬 이슬의 위로가 되는
그런 숲이 되어야지

# 자석 꽃

장글장글한 봄볕에 문득 봄내음 날려오면
발걸음은 이미 한 곳으로 내닫고 있다
꽃망울이 막 터뜨려지려는 찰나
숨이 막힐 듯 세상은 고요하다

꽃이 부르면 나는 거역하지 못한다
꽃은 부르고 나는 올 뿐
무엇이 자석처럼 나를 이끄는가
터질듯한 설렘은 정녕 어디에서 오는가

꽃을 보고 끌리는 것은
이미 네 마음속에 꽃이 들어있기 때문이다
누구나 마음속에 꽃 한 송이씩 품고 있어서
꽃이 부르면 우리는 꽃으로 와야 한다
꽃향기 풀 향기 속에서 그렇게 살아야 한다

# 2

그리운 것들은    언제나

# 호숫가 버드나무

버드나무를 만나러 가요
한때는 나였고
이제는 그대가 된 호숫가의 버드나무
기다려 줘요 금방 갈게요

산들바람에 머릿결 흩날리며
지난날은 이제 잊기로 해요
어제의 두려움과 방황도 잊고
그저 지금 이 순간만 생각해요
그대가 거기에 있어 고마워요

예전의 나처럼
많이 흔들리지는 말아요
바람 따라 살짝 어깨만 들썩이곤
특별한 다짐도 없이
그곳에 그냥 있어 줘요

호수에 비친 바람은 지나간 상흔처럼 흔들리지만
어제의 바람은 어제의 것
오늘 내가 할 일은 단지 그대를 만나러
호숫가로 가는 것뿐이에요

가서 그대를 올려다보아요
구름을 헤쳐 맑은 하늘을 보고
바람을 불러 별빛을 찾을 줄 아는
이제는 그대가 된
예전의 나를

# 단풍

떠오른 아침 햇살에
노란 커튼치고
능청 떨던 뒷산이
아직도 깨지 않는
붉은 앞산을 깨우고
새색시 문안 인사
이 아침을 알리네

흐르는 계곡물 위에
떠가는 단풍잎
먼 여행을 떠나고
뒤따라오던 산바람
늦가을을 재촉하니
부는 바람 야속하여
낭군님 따라 떨어지는
새색시 붉은 눈물
온 산을 물들이네

# 개펄

물 빠진 개펄 속에
그물을 둘러쓴 말뚝들은
작은 숲을 이루고
불어오는 해풍으로
삶의 터를 노래한다

섬 여인의 허벅지에
묻어나는 개 펄은
삶의 점액으로 달라붙고
갈매기 한 마리
끼룩 끼룩 울며
수면 위에 몸을 낮춘다

섬바위 굴 껍데기는
처절하게 허물을 벗어놓고
개펄의 작은 게들은
바둥거리는 생존의 몸부림
석양빛 개펄이

검은 은빛으로 반사되고
마실 나간 파도가
헐떡이며 돌아올 때면
섬 여인의 손끝은 짜기만 하다

# 가을 몸살

가을이 오면 고추잠자리가 해바라기
코끝을 간지럽히고
마른 햇살 여인의 치맛자락에
묻어날 때
고개 숙인 벼 끝에 매달린 투명한 가을 하늘
흐르는 하얀 구름에
공허를 더하고
해 질 녘 피어나는
지붕 위의 하얀 연기처럼
퍼져 나는 그리움이
가을 햇몸살을 일으킨다

가을이 오면
숭숭 뚫린 하루방의
온몸 구석을 파고드는
푸른 가을바람
잊혔던 기억을
하나 둘 일으켜 세우고

내 주위의 모든 것들이
서서히 메말라 갈 즈음
가라 하지 않아도
가을은 그렇게 멀어져 간다

# 눈 오는 날

눈이 내립니다
온다던 그 사람은 오지 않고
대신 눈이 오십니다

반가운 마음에 손을 대면
사르르 눈은 녹아버리고
눈앞에서 사라집니다

내 단심도 눈처럼 차가워야 하는데
그러지 못한 탓입니다

철없는 열기에
오신 눈 다 없어질까 두려워
내밀던 손 다시 집어넣습니다

하늘에서 땅으로
아직 가 닿지 못한
것들만 허공으로 다시 솟구칩니다

다행히 세상은 아직 하얗습니다
새벽 찬물에 마음을 씻고
뿌리를 단단하게 내리자면

소복소복 흰 눈으로
사북 사북 반가운 발걸음으로
모두 다 제자리를 찾아
고요히 안착할 것입니다

# 건널목에서

언제나 철길 건널목엔
내가 다가가면
기다란 차단기가 경종을 울리며
막아선다

이제 더 이상
내게 가까이 오면
당신은 거부할 수 없는
나의 마지막 포옹을
함께 나누어야 한다는 경고다

가까이 가고 싶어도
멀리서 바라보아야 하고
손길을 내밀고 싶지만
다가오는 기차는 내 앞에서
너무 빠르게 지나갔다

차단기가 올라가면
경종도 함께 멈추어지고
또다시 평온해진 건널목
아무 일 없던 것처럼
건널목을 지나서
일상으로 되돌아온다

# 3

여름날 즐기는

캠핑

# 그들처럼

이리로 저리로 흔들려 본 다음에야
들꽃은 하늘을 향해 줄기를 뻗을 수 있고
뼛속을 비워 몸을 가볍게 한 다음에야
새는 비로소 자유를 얻을 수 있고
무성하던 이파리를 다 내려놓은 다음에야
나무는 더 이상 바람에 흔들리지 않는다
우리도 그들처럼
흔들리고 비우고
내려놓을 것
두려워 말고 외로워 말고
좌절 하지 않기
들꽃처럼 새처럼 나무처럼

# 5월의 풀잎

살아있음의 절정
5월의 풀잎에선
민트 빛 박하 향기가 났다

광풍으로 질주하던 청춘의 가슴도
찬바람에 찢기던 세월도
5월의 빗소리 속에 고요히 잦아들고
풀잎은 이제 아무 소리도 내지 않는다

민트 빛 박하 향을 더 맡고 싶다
풀들은 그저 고요히
꽃들과 이야기하고
밤하늘의 별들에게
긴 수화를 보낸다
아직 오지 않은 미래의 누군가에게
엷은 미소 하나 건넨다

# 쪽빛 사금파리

깨어져서 깨어져서
오랜 세월 묻혀 있다가
권금성에 올라서서

늦단풍을 뒤로하고
권금성에 올라서니 흰 구름이 둘러쳐 있는
거대한 바위 옥좌에
제왕의 너그러움이
어서 오라 손짓하네
매서운 바람 마주하고
수천 년을 지켜온 자리
그 무엇이 내밀쳐도
웅장한 바위산으로
위엄을 잃지 않고
제 자리를 지켜내며
저 아래 모든 나무
품 안에 안고서
꿋꿋하게 서 있는 위대한 설악의 제왕

속세의 키재기 다툼도
위에서 내려다보면
다 똑같은 키재기인 것을
권금성의 제왕은 모든 것을 알고 있으니
얼마나 부끄러운 일인가?
그러기에 수천 년의 세월도
제왕 앞에서 무릎을 꿇고
초월한 신의 섭리로
설악을 지키는 제왕이어라

# 그리운 것들은 언제나

처음부터 외로운 사람에게 외로움은 자연스러운 것
나그네가 외로운 건
혼자라서가 아니라
그리움과 함께 걷기 때문이다

힘든 하루를 안고 지는
재 너머 붉은 노을에도
할아버지의 등에 업힌
산골 아이의
가슴에도 그리운 것들은 그림자처럼
목이 길었다

이제 막 얼굴을 내민 손톱달이
둥근 미소로 하늘을 채울 때까지
여름 햇볕으로 빚은 무화과가
붉은 보석들을 토해낼 때까지
청다리도요새가 떠나온 고향으로
다시 돌아갈 때까지

그리운 것들은 언제나
오래도록 기다려야 했다

먼 길 가는 철새처럼
나그네는 내일도 길을 걸어야 한다
그리움 안고 걸어야 한다
그리운 것들은 언제나
길이 끝나는 곳에서 기다리는데
계절이 여러 번 바뀌도록
길은 끝없이 이어졌다

# 신기한 일이야

신기한 일이야
매화나무 하얀 꽃들이
모두 내 얼굴만 내려보고 있다는 것은

신기한 일이야
지구에 어느 모퉁이에 있든
같은 꽃들은 같은 시기에
피어날 줄 안다는 것은

제3장

신기한 일이야
봄 까치 매화 산수유 개나리가
진달래 목련 벚꽃 찔레꽃이
어쩜 그렇게 제 차례를 알고 피는지

신기한 일이야
꽃도 떨어지고 빗방울도 떨어지고
눈송이조차 날리듯 떨어지는데
그 큰 보름달이 하늘 높이 떠 있다는 건

나는 모른다네
세상에서 내가 아는 건
아주 자그마한 부분
그것이 나를 웃음 짓게 만든다네

# 나의 생에 가을이 온다면

# *1*

내
생에

시
월이  온다면

# 늦가을

가을엔 모두 제 빛깔로 깊어져 갑니다
가을엔 모두 제 빛깔로 아름답습니다

지금 푸른 나무들은
겨울 지나 봄 여름 사철 푸르고

가장 짙은 빛깔로 자기 자리 지키고 선 나무들도
모두 당당한 모습으로
산을 이루고 있습니다

목숨을 풀어 빛을 밝히는 억새 있어
들판도 비로소 가을입니다

피고 지고 피고 져도
또다시 살아야 할 이 땅

이토록 아름다운 강산 차마 이대로
두고 갈 수 없어

갈라진 이대로 둔 채
낙엽 한 장의 모습으로
사라져 갈 순 없어
몸이 타는 늦가을입니다

# 늦가을 풍경

파라랑
새가 되고 싶은 나뭇잎들은
바람을 타고 날아갔지

나무를 꿈꾸었던 작은 새는
가지에 날아와 앉자 잠깐 아주 잠깐 나뭇잎이 되었지

이것이 되고 싶은 저것과
저것이 되고 싶은 이것이

한데 모여 갈색으로 점점 깊어지는 가을

바스락 꿈을 이룬 나뭇잎들은
부쩍 말이 많아졌지
속 깊어진 작은 새들은 말을 아꼈지

# 꽃이 아름다운 이유

꽃이 아름다운 건
길 위에 있기 때문이지
갈 길 먼 나그네가
굽이마다 설레듯
피어야 할 이유가 있는 꽃은
첫 꽃잎을 애타게 기다리지

꽃이 아름다운 이유는
결실이 아니라 과정이기 때문이지
멀고 험한 길 위에서
한순간 찬란하게 반짝거리고
영광은 먼 훗날의 일이지

길 위에 있는 것은
모든 것이 아름답지
온 힘을 다해 꽃대 하나 세우고
마침내 피워 올린 꽃 한 송이
길 꽃처럼 우리네 삶도 짧지만

삶이 아름다운 것은
우리가 길 위에 있기 때문이지

# 우리 또한 별꽃

하늘엔 별
지상엔 꽃

밤의 호수 위에 우리는 그저 작은 돛단배
광막한 우주 아래
자주 흔들리는 점 하나

인생이 초라할 때도
꽃은 놀라운 신비
삶도 하나의 꽃이라면
기꺼이 살아볼 만한 것

경이에 가득 찬 눈으로
별을 바라보고
삶의 이유를
꽃 속에서 찾아보나니

우리 또한 별이 만든 꽃이었나니

# 쪽동백

연이틀 봄비에 쪽동백꽃 후드득 떨어지면
산길엔 하얀 천이 깔리고
노란 조종 소리 서럽게 울린다

꽃을 피우고서 비는 어이 내리는가?
동백새 닮은 새가 꽃진 산에 길게 운다

둥근 이파리
그리운 얼굴 같아
온 산 하늘이 섧게도 푸르다

이 비 그치면
언제 다시 피려나

그대를 만나려면 다시 또 일 년을 기다려야 한다

# 당신을 보고 있으면

당신을 보고 있으면 맑디맑은 이슬방울
그 속에 비친 나의 모습
행여나 지워질까
지키고 서 있는 나는
한 그루의 해바라기이고
졸인 가슴을 달래주는 것은
따뜻한 당신의 마음입니다
당신을 보고 있으면
빨려드는 블랙홀처럼
발버둥 쳐도 끝내는
혼미해져 버린 몸뚱이
까만 공간에 덩그러니
나 하나 남아있으면
내 앞에서 반짝이는 불빛
그건 당신이었습니다.
당신의 눈길이 내 마음을
모세관 현상처럼 스며들 때
나의 몸은 하얀 구름을 타고

펼 수 없는 나래를
하늘에 맘껏 펼치면서
노래 부를 수 있는 것은
당신의 변치 않는 사랑이었습니다

# 2

늦가을 풍경

# 떨림

마지막 햇볕을 튕기는 뒷마당 잔설
풀잎 아래 아지랑이 엷게 떨리고
키 작은 봄 까치 빼꼼히 얼굴 내민다

햇살 쟁글쟁글한 정오의 여름
캐스터네츠를 연주하는 사시나무의 떨림
앙증맞은 손뼉 소리 길손을 반긴다

하늬바람 넘어오는 가을의 언덕
마침내 꽃대 피워올린 두메부추 하나
여린 보랏빛이 나그네의 마음을 흔든다

까치 소리 정적을 깨는 겨울 들판
미뉴에트로 흐느끼는 성긴 눈송이들
내려앉다 다시 떨며 착지점을 고른다

삶은 떨림의 연속이라고 말하지만
경계에 서서 나를 환대해 주는

작고 여리고 정직한 몸짓들이 있어
나는 그저 그것을 눈물겹고 고맙고
또 내일을 살아가는 힘을 내어 보는 것이다

# 길

직선이 아닌 곡선의 그 길을 따라가며
알지 못한 장님의 길
너도 가고 나도 간다
가방의 끈만큼이나
느껴오는 보따리를 안고서

구부러진 가로수
낯선 이정표를 맞이하고
그어진 선을 따라가는 길
산모퉁이 돌아 지평선 넘어
스치는 영상을 지우고
길의 끝이 어디인지 모를
헤매는 바람을 맞는다

바람의 시작이 어디이고
형상은 보이지 않아도
작은 굴곡의 그림자 남기고
분명 가는 곳이 있다 보이지 않는 또 하나의 길이

# 남대문 시장

골라 골라
잡아 자바
남대문 시장 골목마다 외치는 세상 사는 소리
무엇을 잡고
무엇을 골라야 하는지
삶의 조각들을 골라내고
떠가는 시간을 잡고
하루를 살아가는 상인들
이미자 동백 아가씨 구슬프게 틀어놓고
두 다리를 튜브로 감고
있는 힘 다해 손수레 밀며
수세미 파는 아저씨의 살려고 하는 겸손한 몸부림
높다란 빌딩 그늘에 숨는다

살아가기 위해 온종일 소리 지르고
힘들지만 밝은 모습으로
꿈을 포기하지 않는
살맛 나게 만드는 사람들

화려한 네온사인이 아니더라도
마음은 화려한 꿈이 있는 시장

# 매미 한살이

긴 긴 기다림을 견디고
땅을 열고 하늘을 만나
기어코 나무를 오르는 너는
무엇을 위해
그 긴 세월을 인내했던가
기다림은 그리워하는 것이라는데
너에게 그리움의 대상은 무엇이란 말이냐

나무에서 시작했으니
다시 나무로 돌아온 것은 순리
그리움에 온몸은 떨리는 줄도 모르는 소리통이 되어
밤새 울어대는데
대체 네 한 몸 바쳐 울리는 외침은
누구를 향한 것이던가

고향 땅 늦은 밤에
껍질을 벗고 다시 태어난 네게
꽃을 피워야 할 때

꽃을 피워야 하는 건 당연한 숙명이라고
이제 곧
아니 더 많은 시간이 주어진 들
그리운 것을 만나지 못한다면
살아도 산 것이 아닌 것을
울어도 운 것이 아닌 것을

이제 밤도 깊은데
산다는 것은 시간이 필요함을 산다는 것은 그저
그리움을 찾아가는 일일 뿐임을
그리고 그것을
담담히 받아들여야 한다는 건
한여름 밤의 치열한 열기 속에
그보다 더 치열한 매미 한 살이

## 바람이 온다

바람이 온다
소리가 들린다
향기도 맡을 수 있다
하지만 아직 바람의 형체는 보이지 않는다

아마도 그것은 누군가의 조종 소리를
들은 다음에야 모습을 드러낼 것이다
그 조종 소리가 희망인지 절망인지는 아직 모른다

아마도 종을 울리는 자는 알고 있을 것이다
바람이 분다
처음 맡아보는 바람의 냄새는
때론 낯설고
때론 향기롭게 코 끝을 간질인다
한 가지 확실한 것은
저곳 바람이 이리로 넘어올 것이고
오늘의 바람은 내일로 이어지리란 것이다

바람이 불고 있다
아직은 색깔도 없이
겨울 나뭇가지 사이로
그 나뭇가지 끝에 달린
빠알간 까치밥 아래로
자주 고름 눈 버선 밟고
첫새벽 떠오르는 햇살처럼
새바람이 불어온다

이젠 누구라도 알 수 있다
바람을 피할 순 없다는 것을
바람에 맞설 수는 없다는 것을
연초록 동산을 넘어 들녘의 풀잎 향기 머금고
바람이 오고 있다
새날을 재촉하며
바람이 불어오고 있다

# 여름 비

내리는 빗소리에 귀 기울이면 저 멀리서
엄마 목소리가 들린다
한여름 소낙비에 뛰어오는 나에게
상은아
상은아
부르는 엄마의 목소리다

내리는 빗방울이 비닐우산에 부딪힐 때면
그리운 그 얼굴이 번져난다
빗속 우산 하나 받쳐 들고
나누었던 짧은 대화도
수채화 물감 번지듯
그리움으로 흘러내린다

떨어지는 빗줄기에
얼굴을 갖다 대며
희미해진 사랑을 느끼고
추억에 젖어보는 것도

좋을 것 같은 엄마 품 같은
늦여름의 빗줄기는 포근하다

# 잃어버린 향기

그윽한 향 내음 속에
하얀 촛대는
묵묵히 밤을 밝히고
창 너머 저무는 그믐달은
여인의 옷깃을 적신다

까만 밤
어두운 방 한구석에
먼동이 트면
국화꽃 향기에 취한 내 임은 잠이 깨시려나
젖은 옷깃 매만지며
또 하나의 향을 태운다

태워도 태워도 슬픈 공간 속에
향 내음만 가득할 뿐
내 임의 그 향기만은 느낄 수가 없구나

# 겨울 산

첫눈 맞고 있는 겨울 산을 보면
흰털 세운 한 마리 산짐승 같으니
부드럽게 웅크린 등줄기나
가슴께로 바짝 당겨놓은 살진 허벅지
이놈아, 하고 톡톡 치면
웅크렸던 몸 기지개 한 번 펴고는
산길 따라 세차게 달려갈 것 같으니
이 땅 어느 산을 올라도
모든 길은 백두에 닿는다는
백두대간의 큰 꿈을 아는가
첫눈 내리는 날 한반도 모든 산줄기
흰털 하얗게 곤추세워
하얀 능선 위를 달려가고 있으니
그놈의 등에 덥석 올라타는 꿈이여
겨울 산과 한 몸의 날렵한 산짐승 되어
지리산에서 백두산까지 튼튼한 등뼈를 밟고
한걸음에 달려가는 즐거운 꿈이여

## 3

낙엽이 되어 찾아온 너

# 왔다가 가는 것이 이별뿐이랴

왔다가 가는 것이 이별뿐이랴
바람이 불어오고 불어 가듯이
모든 것은 만나고는 헤어지나니
이별을 이기려고 하지 마라
이별을 받아들이는 것

오늘 내 옆에 있는 것이
내일 저 멀리 떠나간대도
서러워하거나 괴로워하지 말아라
시간 속에 모든 것은 사라지고
단단한 바위조차 하루하루 스러지나니
밤하늘의 별들조차 모습을 바꾸나니

손가락 걸던 언약도 언젠가는 잊히고
함께 하던 웃음도 꽃씨처럼 흩어지리니
온 우주가 다 외로운데
그대 혼자 외롭지 않으려 애쓰지 마라

먼 훗날
한 송이 외로운 들꽃에도
쉬었다 가는 나비 한 마리 있으리니
그대 오늘의 이별을 아파하는 대신
영원 속의 누군가를 축복해야 하리

# 물감을 짜며

물감을 짜며 생각한다
알록달록 세상도 이렇게 어울릴 수 있다면
빨갛다 까맣다 손가락질하지 않고
서로 어깨동무할 수 있다면

처음부터 하나였던 것처럼
황과 홍 쪽과 보라가 섞이고 번져
저녁 바다 위에 하나의 풍경으로
흩뿌려질 수 있다면

팔레트 한 칸마다
사랑하는 사람의 얼굴을 한 칸씩 담으며
나는 너에게 너는 나에게 물들어
화폭 가득 바람으로 이어졌으면

물감을 짜며 생각한다
세상도 이렇게 한 색깔 옆에 또 한 색깔이 앉아
서로 도란도란 이야기 나누었으면

# 코스모스

파란 하늘 높아만 가고
하얀 메밀꽃에 꽃 잠자리 사뿐히
바람결에 날개 춤추면

가슴으로 찾아드는 코스모스 피던 고향 언덕길
하늘하늘 순하게 피어나던 길

그리움이 한데 모인
하양 핑크 어울려 피던 그곳
내 꿈과 사랑 함께 한
잔뼈가 자란 언덕

이때가 되면 어김없이 찾아드는 가슴을 저미는
지독한 몸살로 피어나는 추억들

논두렁길 메뚜기 고추잠자리
쫓던 그곳엔 이제 다 새 문명의 빌딩으로 둘러싸여
꿈을 키운 고향길 다 묻혀버렸고

174

어깨동무 그리운 친구들
먼 나라 먼 도시로 떠나갔건만
난 아직도 가을이 오면

꿈을 키운 내 고향
그리움의 추억 코스모스 언덕길이
내 마음의 영원한 고향인 것을

# 무궁화꽃

연분홍빛 무궁화 큰 꿈처럼 펼쳐지니
파란 하늘 아래 활짝 핀 웃음 지어본다

꽃잎 하나
초록 잎 둘
여름 향기 맡으며 피어나니
두둥실 구름 따라 어디론가 떠나고 싶다

활짝 핀 분홍빛 무궁화꽃
머리에 이고
하늘거리는 나비 따라
춤을 추며 노래하고 싶다

손끝에서 물들었던 무궁화꽃처럼
한가득 행복도 아름답게 피어난다
해바라기에게

해님의 얼굴은 보고 또 보아도
자꾸만 보고 싶어
어느새 키만 훌쩍 컸구나 해바라기야

해님의 음성은 듣고 또 들어도
귀를 너무 세우다가
머리까지 너무 무거워
고개를 떨구었구나

그래
옆 친구와는 나누어 가질 수 없는
그리움이 하도 깊어
어느새 까맣게 가슴이 탔구나
해바라기야

# 고요 속으로

새벽부터 내리던 싸락눈은 오후엔 진눈깨비로 바뀌었다
호수의 빙판 위에는
오리들이 미동도 없이 서 있고
찬 하늘을 선회하던 백로는
미끄러지듯 착지한다
어디로 사라졌을까
그 많던 송사리들은

어제까지 일던 잔물결은
얼음 아래에서 고요하다

땅은 차고 하늘은 비어 있다
이제는 나그네의 차례
어지러운 마음을 비우기 위해
자기의 이유로 걸어가기 위해
눈 발자국 한 걸음마다
하나씩 내려놓는다
집착 하나

욕망 한 덩이
흔들림 한 타래

허공엔 구름 하나 없고
언 땅 위엔 내려놓은 것들의
여운조차 보이지 않는다 비로소 나그네는
침묵과 고요로 들어가
눈발과 하나가 되고
스르르 사라져 버렸다
아무것도 없다

# 갈대는 혼자 울지 않는다

갈대는 혼자 무서웠다
나뭇가지들 찬바람에 흔들리고
갈대는 서러워져서 쓰러지며 울었다
어디에서 불어오는 운명인지도 모른 채
제 설움에 겨워 흐느껴 울었다

하지만 갈대는 몰랐다
갈대는 함께 쓰러지고
쓰러져 함께 운다는 것을
그 울음이 제 속에서 나오는 울음이 아니라
서로서로 부르는 소리라는 걸
너의 아픔에 내가 울고
나의 상처에 네가 흘리는 눈물에서 나온다는 것을

울음은 쓰러지는 너를
붙잡는 손에서도 나오고
설움에 겨운 살갗들 부딪혀
서걱이는 소리에서도 나왔다

울음이 더 큰 울음을 불러
밤새 너울대며 함께 울었다

마침내 갈대는 제가 운다는 사실조차도 잊어버리고
갈대밭 아우성에 한 몸이 되고
함께 부르는 노래가 되었다
굽이치는 파도가 되었다

갈대는 이제 혼자 울지 않는다
긴 서러움도 바람결에 풀어헤치고
어깨 걸고 손잡아주는 머릿결 함께 일렁이며
쓰러져도 함께 쓰러지고
울어도 함께 운다
갈대는 혼자 울지 않는다

## 삶과 죽음

슬픈 사랑은 낙엽처럼 이 세상에서 메말라가고
사랑하기가 두려워 모든 것을
가슴에 묻어야 하는
또 하나의 무덤을 만들고 있다

꽃상여의 화려한 색종이
나뭇가지에 걸리어 찢기어지고
선 소리꾼의 목에서
절규의 소리가 터져 나오면
공동묘지는 점점 가까워진다

나뭇가지에 걸려 찢긴
못다 한 사랑의 흔적들
이제는 모두 다 거두어서
사랑할 공간이 없어 구천을 떠도는
영혼들
마음껏 사랑할 수 있는

# 빗소리

후드득 떨어지는 빗소리에
내 마음속 간직했던 추억들도
후드득 떨어집니다

떨어지는 빗방울에 아물지 못한 상처는
더욱더 쓰라려 오고
그토록 소중했던 나만의 사랑마저
이 밤 떨어지는 빗소리는 갈퀴 발로 훑어내립니다

후드득
후드득
빗소리에 묻혀버린
목마른 사랑의 외침도
까맣게 지워버린
연필 자국처럼
빗소리는 이 밤 내내
머릿속을 지웁니다

기억상실증에 걸린
드라마 속 주인공처럼

**4**

떨어지는 건 낙엽뿐만이 아니다

# 마지막 행복

조용히 눈을 감아봐
아픔도
사랑도
이별도
욕심도
이제는 모두 내려놔도 돼

두 눈을 감으면
캄캄한 어둠 속에서
새로운 길 하나가 보일 거야
그 길이 이제 가야 할 길이야
그 길을 따라가면
어머니의 모태 속으로
나의 본향으로 편안하게
유영하듯 빠져들 거야

조용히 눈을 감아봐
새로운 길도 괜찮아

푸른 초원을 나비가
날아가듯 걸어가고
화사한 꽃길에 어디선가 들리는
감미로운 음악 속
멜로디를 흥얼거리며
걸어가고 있는 거야
거 봐!
새로운 길도 괜찮지?

조용히 눈을 감아봐
이제는 힘들었던 지난날들도
아파서 힘들었던 고통도
잊지 못할 사랑과 이별도
악착같이 살아왔던 날들도
여기서는 돌아오지 않아
그러니 조용히 눈을 감고 느껴봐
금방 행복해질 거야

이게 너에게 주어진 마지막 행복이야

# 설경

동풍에 빗겨
눈이 내린다

안개꽃 들판 까치 소리에 찢기고

성긴 눈 휘돌다
어느새 함박눈

누구의 죄를 대속하려고
이리도 하얗게 내려앉는가?

괜찮아 괜찮아
그건 네 잘못이 아니야

잠 못 이루는 밤
하얗게 다독이는 설경

# 낙조

밤새 내린 비에 버드나무는 키가 더 자랐고
얼마 남지도 않은 초가을 볕을 다 쬐지도 못한 채
연못 위에 고개를 떨구었다

산다는 게 그렇게 평등하지 않다는 건
진작 알 나이가 되었지만
연꽃 같은 노란 햇살이
고개를 넘어가기 전에
가난한 이에게 마지막 온기를 전해줬으면 하는 마음

초가을로 접어드는 저녁 하늘은
빨리도 지는데
외로운 나그네의 발길은 자꾸만 느려져 간다

# 12월을 지나며

마른 잎 한 장 매달린 은행나무

한 해의 쪽수를 넘기려면
저런 안간힘으로 아쉬움을 버텨야 한다

세상살이 점점 어렵다는 이즈음
두 손으로 얼굴을 가리면
동굴 속처럼 어둠이 고인다

그 어둠 속에서
말갛게 떠오르는 얼굴
흔들리는 촛불처럼
그리움이 술렁거린다

내리막길 가파르게 내달리다
주춤주춤 잠시 쉬어가는 길목에서
드문드문 전해지는 안부

내년에는
후미진 골목 식당에서라도
밥 먹는 기억을 만들 수 있을까

가렸던 두 손 내려놓으며
무디게 12월을 건너간다

# 인생

맛난다고 다 먹을 수 없고
가고 싶다고 늘 갈 수 없다
보고 싶어도 참아야 할 때가 더 많다
때론 반쯤 핀 꽃으로도
만족할 줄 알아야 하고
내 마음대로 다할 수 없는 것 그것이 인생

소년에게는 기회가 있지만
아직 길을 모르고
청년의 마음은 부풀어도
아크릴 물감처럼 가볍고
노인은 길은 알아도
이미 젊은 날은 지나가 버렸다
나이가 든다는 건 반만 채우는 것
집착을 내려 놓고
욕심도 물려 놓고
나머지 반은 묵언의 향기를 채우는 것

솔개는 하늘을 날고
물고기는 물에서 뛰어놀 듯
특별한 것 없는 하루하루를 감사히 살아내는 것
내 마음대로 안 되는 순간순간
매일매일을 받아들이는 것
나한테 주어진 하루를 선물처럼 살아내는 것

시간과 시간 사이
공간과 공간 사이
너와 나 사이에
마음 비운 자리에
꽃을 피우는 일 그것이 인생

# 첫눈이 내렸다

첫눈이 내렸다
겨울의 첫 손님
짧았던 가을을 남겨놓고
모든 것을 새하얗게 지우는 함박눈

시간이 정해져 있는 간이역처럼
하나가 끝을 맺고
새로이 매듭을 시작할 때
흰 날갯죽지 하얗게
온 하늘을 채우는 백로들
세상을 비워놓는다
처음처럼

미처 하지 못한 말들을 지우고
미처 쓰지 못한 글씨를 지우고
새로운 상처들을 기다린다
무장한 소망들을 날려 보내고
비워진 백지 위에 다시 동짓날 새 아침을 기다린다

아, 허공에 차는
애증의 첫 눈송이들

# 흔적을 남기고픈

안개비 오는 날이면
촉촉이 젖은 땅바닥 위에
그는 어김없이 나타난다

서러움으로 야위어진 몸뚱이가
흙마루 틈새에서
텃밭 이랑에서
환한 세상이 그리워 기어나와
작은 흔적 하나 남기고

돌아보면
지워져 버리고
가다 보면
잊힐 자국인데
살아있음의 흔적을 남기고픈
애잔한 몸부림이 비에 젖는다

# 빈자리

가을빛이 물든 창가에
너의 흔적이 바람처럼 스며든다
너 없는 자리엔 적막만 내려앉고
남은 말들은 구겨진 종이처럼 흩어져 있다

붉게 물든 단풍잎 하나
손가락 끝에 닿았다가 흩어지듯
너도 그렇게 떠나갔다
아무 말 없이 흔적만 남긴 채 가슴속 화산석같이 뚫린 구멍
바람이 스쳐 지나갈 때마다
공허한 아픔만 울릴 뿐
숱한 밤을 눈물로 채워도 빈자리는 메워지지 않는다

이젠 알아 떠남은 그저 빈 자리와 함께
다시 떠오르는 햇빛을 바라보며
조용히 빈 자리를 그리워할 뿐인 것을

# 마치며

인생의 사계는 반복되고 또 반복됩니다.
봄이 오고 여름이 오고 가을이 오고 겨울이 옵니다.

그 계절이 무한히 반복되는 것 같아도
단 한 번도 같은 봄은 없었습니다.

사계를 거듭할수록 성장 역시 거듭됩니다.

인생의 끝에 다다를 때까지 우리는 아름답게 성장을 해 갈
수 있습니다.

매 순간은 단 한 번 경험할 수 있는 소중한 삶입니다.
그 어떤 경험도 헛된 것은 없다고 생각합니다.

그래서 예측할 수 없는 미래는 불안이 아니라 설렘이 아닐까
합니다.

사계의 시를 읽으시는 아름다운 분들께
두근두근한 설렘만이 함께하길 바라봅니다.